सीमन्तिनी

कुसुम लता जोशी

Copyright © Kusum Lata Joshi
All Rights Reserved.

This book has been published with all efforts taken to make the material error-free after the consent of the author. However, the author and the publisher do not assume and hereby disclaim any liability to any party for any loss, damage, or disruption caused by errors or omissions, whether such errors or omissions result from negligence, accident, or any other cause.

While every effort has been made to avoid any mistake or omission, this publication is being sold on the condition and understanding that neither the author nor the publishers or printers would be liable in any manner to any person by reason of any mistake or omission in this publication or for any action taken or omitted to be taken or advice rendered or accepted on the basis of this work. For any defect in printing or binding the publishers will be liable only to replace the defective copy by another copy of this work then available.

ज्ञान, ध्यान, जप और लेखन जो भी लेश मात्र हमारे भीतर विद्यमान है, उसके मूल में आपके द्वारा दिए गए संस्कार और आपका जीवनचरित्र हैं । अतः लेखिका अपनी प्रथम पुस्तक 'सीमन्तिनी' को अपनी स्वर्गीया माताजी श्रीमती मुन्नी देवी डालाकोटी जी और अपनी स्वर्गीया सासु माताजी श्रीमती मोहिनी देवी जोशी जी को समर्पित करती है । जिनके आशीर्वाद और प्रेरणा से लेखिका को निरंतर कार्य करने की प्रेरणा मिली है ।

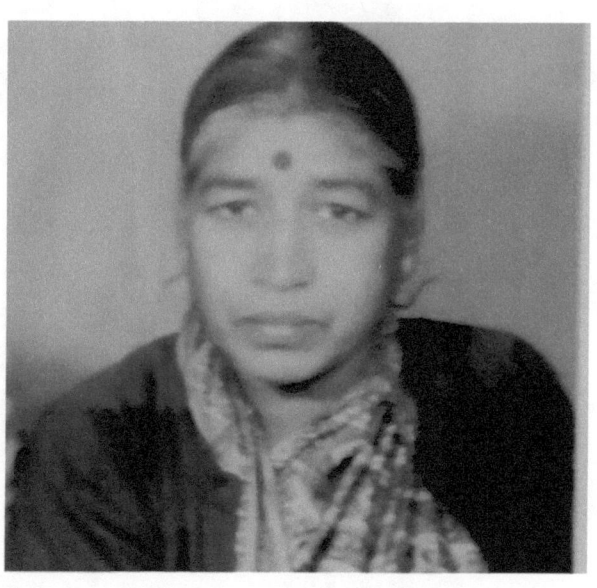

स्व श्रीमती मुन्नी देवी डालाकोटी जी

स्व. श्रीमती मोहिनी देवी जोशी जी

क्रम-सूची

प्रस्तावना	vii
भूमिका	ix
पावती (स्वीकृति)	xi
आमुख	xiii
विषय सूची	xv
1. इंतज़ार	1
2. छुट्टी औरत	8
3. आनंदी दी	17
4. भूरी आँखों वाली	24
5. दुर्घटना	31

• v •

प्रस्तावना

यहां शिमला के आसपास जंगल में एक फूल पाया जाता है, कूजे का फूल। निर्मल सफ़ेद महकता हुआ कूजा। एक नहीं अनेक। कंटीली झाड़ी में सैकड़ों की तादाद में खिलते हैं। महकते कुछ ऐसे कि उनके प्रेम में हवाएं बौरा जाएं। खूबसूरत इतने कि उनके खिलने से पूरा का पूरा जंगल इतराए। वही कूजे का फूल हैं कुसुम जी की कहानियों की नायिकाएं...

समस्याओं रूपी कांटो से घिरी हुई फिर भी सबके

प्रस्तावना

जीवन को महकाती हुई चाहे वो आनंदी दी हो नीलम या लछमी...

कहानी मार्मिक तभी बनती है जब कहानीकार कहानी के पात्रों के जीवन को जीते हुए लिखता है...

मैं कुसुम जी को उनके लेखन के माध्यम से ही जानती हूं। मेरी नज़र में कूजे का फूल हैं कुसुम जी; नाम ही कुसुम।

हार्दिक शुभकामनाएं ।

दीप्ति सारस्वत प्रतिमा

(सुप्रसिद्ध कवयित्री)

भूमिका

'सीमन्तिनी' का समर्पण करते हुए मुझे बहुत खुशी का अनुभव हो रहा है । प्रस्तुत पुस्तक में नारी चरित्र पर आधारित कहानियों का संकलन है जिसमें उत्तराखंड के क्षेत्रों के नाम और बोली का प्रयोग किया गया है । इस वजह से कहीं-कहीं स्थानीय बोली, शब्दों आदि का प्रभाव लेखन में आया है । कहानियाँ पढ़कर आपको उत्तराखंडी जीवन और बोली का थोड़ा-बहुत परिचय भी हो जाएगा । ऐसी आशा है ।

पुस्तक में भाषा की सरलता और सहजता का ध्यान रखा गया है । दुरूह शब्दों से थोड़ा दूरी रखी गई है और स्थानीय भाषा के शब्दों के अर्थ भी लिखे गए हैं । कोशिश की गई है कि हर आयु वर्ग के व्यक्ति को ये कहानियाँ समझ आ जाएँ ।

बहुत दिनों से पुस्तक प्रकाशन का विचार मन में था । आज Notion Press के माध्यम से यह कल्पना यथार्थ में अवतरित हुई है । Notion Press को मेरी ओर से बहुत-बहुत आभार और धन्यवाद ।

पावती (स्वीकृति)

"सीमन्तिनी" कथा संग्रह मेरे (कुसुम जोशी) द्‍वारा लिखी गई कहानियाँ हैं । इन कहानियों में प्रस्तुत सभी पात्र , चरित्र काल्पनिक हैं, हालंकि इन चरित्रों को आप अपने आस-पास के लोक जीवन में देख सकते हैं । मुख्य रूप से कहानियाँ उत्तराखण्ड की पृष्ठ्भूमि में लिखी गई हैं , अतः कथा के विस्तार के लिए वहाँ के मुख्य स्थलों के नाम लिए गए हैं ।

आमुख

मानव समाज दो वर्गों में विभाजित है ,स्त्री और पुरुष । हालांकि दोनों ही एक दूसरे के पूरक हैं किंतु समाज में पुरुष और स्त्री के अलग-अलग मानदंड हैं । समाज पुरुष से अलग अपेक्षाएँ रखता है और स्त्री से अलग । यह बात भी सच है कि स्त्री -पुरुष दोनों ही समाज की इन अपेक्षाओं से प्रभावित होते हैं और उनके जीवन में समाज की सोच का महत्वपूर्ण प्रभाव पड़ता है ।

"सीमन्तिनी " स्त्री जीवन की कहानियाँ हैं जिसमें भारतीय स्त्री की सोच , उनके जीवन को, उनके संघर्ष को , विशेषकर पहाड़ी क्षेत्र में रहने वाली स्त्रियों के जीवन और संघर्ष को उकेरा गया है । संघर्ष से जूझती ये स्त्रियाँ अपनी जिजीविषा के बल पर जीवन के अनेक अर्थ खोज निकालती हैं उन्हीं कहानियों का संग्रह है "सीमन्तिनी "

"सीमन्तिनी " का अर्थ ही है बालों की मध्यरेखा निकालने वाली अर्थात स्त्री ।

आशा है कि आप इन कहानियों का आनंद लेंगे और अपने आस-पास ही इन चरित्रों को पाएंगे ।

विषय सूची

1. इंतज़ार
   2. छुट्टी औरत
   3. आनंदी दी
   4. भूरी आँखों वाली लड़की
   5. दुर्घटना

1

इंतज़ार

लछिमी ने फ़िर से दरवाजे से बाहर देखा । अभी तक सास वापस नहीं आई थी। उसने एक निःश्वास लिया ! क्यों नहीं आई होगी ? धूप देख कर उसने अनुमान लगाया बारह तो बज ही गया होगा । कुछ सोचती हुई वह फिर अंदर गई और चूल्हे में रखी झोई (कड़ी) को हिलाते हुए पकाने लगी ।

लछिमी कोई बाइस- तेईस बरस की रही होगी । चार बरस पहले मोहनसिंह के साथ उसका ब्याह हो गया था । मोहनसिंह फ़ौज़ में सिपाही था । पिता ने सरकारी नौकरी में काम करने वाला लड़का देखकर लछिमी की शादी मोहनसिंह से तय की थी ।उन्होंने सोचा कि बेचारी लछिमी ! बिना माँ की लड़की ! कम से कम ब्याह के बाद तो उसे सुख मिलेगा । अकेला लड़का है मोहनसिंह । उस पर फ़ौज़ में अच्छा कमाता भी है । राज करेगी लछिमी ।

लक्ष्मी को गाँव मे सब लछिमी कहते। उत्तराखंड के रामगंगा नदी के किनारे बसे एक गाँव में अपनी सास हरुली के साथ रहती थी । हरिप्रिया (हरुली) भी एक फ़ौजी की पत्नी थी ।उसने अपना जीवन बड़े कष्ट और त्याग से बिताया था । छोटी उम्र में विवाह और एक बच्चे का जन्म हो गया था। जब मोहनसिंह सात -आठ बरस का ही रहा होगा , उसी वक्त चीन के हमले में हरुली के पति भी वीर गति पा गए थे ।

हरिप्रिया पर तो मानो पहाड़ टूट पड़ा था । अब कैसे जीएगी इस वीरान जिंदगी को ? हरुली खुद को कुछ समझाती कि बेटे के दुःख में डूबी मोहनसिंह की आमा(दादी) को भी फ़ालिज़ पड़ गया । वह बिस्तर में ही पड़ी रह गई । सास की देखभाल, घर के अनगिनत काम , नौले से पानी भर कर लाना , खेती सम्हालना आदि कामों में हरुली ऐसी फ़ँसी कि खुद के लिए कुछ सोचने का समय ही नहीं मिला ।जीवन में जो हर्ष की रेखा थी वह उसका पुत्र मोहन ही था। मोहन को देखते ही हरुली के चेहरे से मानो जन्मजन्मांतर के कष्ट दूर हो जाते और चेहरे पर संतोष छा जाता ।

कुछ लोगों ने हरुली को दूसरी शादी करने की भी सलाह दी । कुछ लोगों ने उसे पतित करने के भी असफ़ल प्रयास किए थे । किंतु हरुली के दृढ़ निश्चय और आत्मबल के आगे सब बातें ढेर हो गई थी । उसके जीवन का एक ही लक्ष्य था मोहनसिंह को पढ़ा-लिखा कर योग्य बनाना

।

मोहनसिंह के पिता की पेंशन से घर का खर्च आसानी से चल जाता। घर के खाने -पीने लायक तो हरुली अपने खेतों में मेहनत करके ही कमा लाती । कभी- कभी ससुर जी भी खेती के कामों में उसकी मदद कर देते । घर बाहर सब सम्हालती हरुली को देख उनकी आँखे भर आती और मुँह से आशीष निकलती । कौन जाने इस पराए घर से आई ब्वारी(बहू) के न रहने से कौन उनके घर और खेतों को सम्हालता? बीमार औरत की सेवा करता ? सोच कर ही उन्हें घबराहट होती । चार-पाँच साल की बीमारी से जूझ कर आखिर मोहनसिंह की आमा (दादी) ने भी मुक्ति पाई। बुबु(दादाजी) और हरुली के जीवन का एक मात्र लक्ष्य अब मोहन ही रह गया था । बुबु ने उसको पढ़ाने के लिए पूरी कोशिश की। पास के नज़दीकी शहर थल में ही सरकारी स्कूल था । जहाँ रोज़ उसे ले जाना और वापस लाना बुबु की ही जिम्मेदारी थी ।बुबु की मेहनत और प्रोत्साहन से मोहनसिंह भी ठीक-ठाक पढ़ गया । कॉलेज के बाद नौकरी के लिए भाग- दौड़ भी तो उन्होंनें खूब की । वे तो चाहते थे कि बैंक में या किसी सरकारी स्कूल में मोहना लग जाता । किंतु उसके खून में तो पिता की तरह देशभक्ति की लहरें उछाल मार रहीं थी। उसके पिता का फ़ौजी वरदी में टँगा हुआ चित्र ही उसके लिए सबसे बड़ी प्रेरणा था । आखिर उसकी भी रानीखेत में कुमाऊँ रेज़िमेंट में भरती हो गई । इस दिन कितने खुश थे हरुली और बुबु ! बुबु ने कहा था "जा हरुली , अपने सभी देवीथान में जाकर गुड़ की भेली तोड़ आना । तूने बहुत दुख देखे । अब सुख देखने के दिन आए है । बुबु की बात सुनकर हरुली के आँख से खुशी के आँसू बहने लगे । सभी देवताओं को उसने गुड़ की भेली चढ़ाई । मन भर -भर कर अपने मोहना के लिए आशीष माँगे।

मोहनसिंह की ट्रेनिंग पूरी होते ही बुबु ने उसकी शादी के लिए अच्छी लड़की ढूँढनी शुरु कर दी थी । बुबु नहीं होते तो हरुली कैसे कर पाती ये सब । दो साल बाद लछिमी के साथ मोहना का ब्याह हो गया । एक महीना साथ रह मोहना ड्यूटी में चला गया । घर में रह गए बुबु, हरुली और लछिमी ।

मोहना बीच-बीच में छुट्टी ले कर आता । बाकि दिन उसके इंतजार में कटते ।मोहना समय-समय पर चिट्ठी-पत्री भेजता । उसका बस चलता तो सबको अपने पास ही बुला लेता। पर, फ़ौज़ी की जिंदगी में ये सब इतना आसान थोड़े ही है। फ़िर माँ भी तो अपने खेत -गाँव छोड़ कर कहाँ आएगी । इसी बीच बुबु दुनिया छोड़ गए । एक बार फ़िर हरुली को पिता का साया छूटने का अहसास हुआ । अपने जवानी के सारे दिन हरुली ने इन्हीं पिता की छत्रछाया में गुजारे थे । उनका संरक्षण न होता तो अबोध पुत्र के सहारे अकेले इस कठोर दुनिया के झंझावात पार करना बहुत मुश्किल हो जाता ।

हरुली के त्याग और कठिन जीवन की कहानियाँ लछिमी ने अपने दादाससुर और गाँव के लोगों से सुनी थीं। मोहना भी लछिमी को बार-बार कहता कि मेरी माँ ने बहुत मेहनत कर मुझे बड़ा किया । अब सेवा करने की मेरी बारी है । लछिमी बिना माँ की बेटी थी । जीवन के कष्टों को समझती थी। उसके मन में हरुली के लिए बड़े आदर-सम्मान की भावना थी। वह हर-संभव प्रयास करती कि हरुली को आराम मिले। घर के सब काम उसने सम्हाल लिए थे । हरुली के मना करने पर भी गोरु-बाछि देखना, घास काटना, नौले से पानी सारना यह सब लछिमी हँसते हँसते कर लेती । सासु के चेहरे पर आए संतोष को देख उसे प्रसन्नता होती। दोनों सासु-ब्वारी की अच्छी बन गई थी। सप्ताह में एक दिन थल बाज़ार जा कर हाट कर आते । बाँकि दिन जो भी घर में हो, प्रेम से मिल बैठ खाते।

पिछले मास मोहना भी आया था । बार-बार कह रहा था कि माँ अगली बार तुम दोनों को साथ ही चलना होगा।मैंने साहब से बात भी कर ली है । मुझे क्वार्टर भी मिल जाएगा।खेती -बाड़ी छोड़ ।अब आराम कर । "कैसी बातें करता है ये लड़का भी? भला अपने पितरों की जमीन भी कोई बंजर छोड़ता है? मातृभूमि हुई । लौट कर तो इसी धरती पर आना हुआ । मुसीबत के दिनों में इन्हीं खेत खलिहानों ने साथ दिया ठहरा । अब तेरी बहुत इच्छा हुई तो कुछ दिन के लिए ब्वारी को ले जाना", हरुलि ने समझाया था। पर हरिप्रिया को अच्छी तरह पता था कि उसका आज्ञाकारी बेटा उसके बिना अपनी पत्नी को नहीं ले जाएगा । माँ को

गाँव में अकेला छोड़ने की तो वह सोच भी नहीं सकता ।

इसी बीच हरुली की तबीयत थोड़ा खराब रहने लगी। हाँलांकि उसकी उमर अभी बहुत ज्यादा नहीं थी। किंतु उसने अपनी जिंदगी मेहनत कर गुजारी थी । पहाड़ में वैसे ही जीवन कठोर होता है किंतु स्त्रियों को तो विशेषरूप से कठोर श्रम करना पड़ता है। इसी कारण हरुली को भी हमेशा पीठ दर्द की शिकायत रहने लगी। साथ ही उसे कभी-कभी चक्कर से भी आते ।उसने सोचा था कि इस बार मोहना घर आएगा तो कुछ दिन के लिए दोनों सासु-ब्वारी साथ चले जाएंगे ।फ़ौज़ी हस्पताल में दिखा भी आएगी । सुना है वहाँ डॉक्टर बहुत अच्छे से इलाज करते हैं । वैसे तो वह खुद भी फ़ौज़ी की औरत हुई , पर दूरस्थ गाँव में रहने के कारण फ़ौज़ी महिलाओं को मिलने वाली सभी सुविधाओं से वंचित ही रही थी।

इसी बीच लछिमी ने भी पैर भारी होने की खबर सुना दी । हरुली के तो खुशी का ठिकाना न रहा। गाँव के सभी देवी थानों में बच्चे के लिए मन्नत माँगी गई । तुरंत मोहना को भी खबर भेजी । वह घर आना चाहता था किंतु उसकी पोस्टिंग बोर्डर पर पड़ गई थी । अब हरुली ब्वारी(बहू) का विशेष ध्यान रखने लगी । हालांकि सास की तबियत देख कर ना-ना कहने पर भी लछिमी सब काम करती रहती ।

घर से बाहर -भीतर जाते हुए लछिमी अकसर डाकबाबू से मोहना की चिट्ठी के बारे में पूछ लेती । फोन का कोई जरिया नहीं था । एक मात्र सहारा चिट्ठी ही थी । पर इस टाइम मोहन सिंह की ड्यूटी बोर्डर पर लग गई थी । यहाँ तो चिट्ठी-पत्री भी भेजने का कोई जरिया नहीं था । फ़ौज की ओर से एक हवाई जहाज हफ़्ते में एक बार आता । उसी में सबकी चिट्ठियाँ आती । वापसी में वही जहाज फ़ौजियों की चिट्ठियाँ लेकर चला जाता ।लछिमी जानती थी कि सास की तबियत ठीक नहीं है । उसके मायके में भी कोई उसकी देखभाल के लिए नहीं था इसलिए वह चाहती थी कि बच्चे के जन्म के अवसर पर मोहना घर आ जाए।

धीरे-धीरे समय बीत रहा था । बॉर्डर पर भी हालात ठीक न थे ।सैनिकों की छुट्टियाँ कैंसिल हो गईं थीं । कुछ समय से मोहनसिंह का भी कोई पत्र न आ पाया था । लछिमी और हरुली दोनों कई बार डाक बाबू से पूछ चुके थे । लछिमी के चेहरे पर चिंता की लकीर अकसर दिखाई

देती । वहीं हरुली कहीं किसी देवता के मंदिर में बैठ अपने बेटे की कुशल-मंगल की कामना करती दिखाई देती ।

हरुली की तबीयत दिन ब दिन खराब हो रही थी । हालांकि उसने किसी को कुछ कहा नहीं था पर उस

के चेहरा उसके हाल का बयाँ कर रहा था । पिछले दिनों से उसके खेत में फ़सल पक कर कटने को तैयार खड़ी थी । एक दो दिन और न काटी तो फ़सल खुद ही टूट कर गिर जाएगी । पिछली शाम हरुली अपने हलिया(हल जोतने वाला) को भी फ़सल काटने के लिए पूछने गई थी किंतु वह अपनी बीमार बेटी को दिखाने हल्दवानी चला गया था । हरुली चिंता में पड़ गई ।

पहाड़ में उस दौर में मज़दूरी का कोई प्रचलन नहीं था । लोग मिल-जुल कर एक दूसरे की खेती काट देते थे। किंतु हरुली अपने खराब स्वास्थ्य के कारण पिछले दो-तीन सालों से दूसरे के खेत काटने नहीं गई थी लछिमी को तो गोरु-बाछी से ही फ़ुरसत न होती, अत: वह भी नहीं जा पाती थी।ऐसे में किस मुँह से दूसरों को अपने खेत में फ़सल काटने को कहती?

सुबह की चाय पी कर कुछ देर तक हरुली सोचती रही।उसने लछिमी की ओर देखा। उसके पेट के घेरे से पता चल रहा था कि दिन पूरे हो गए हैं। "बस आठ दस दिन और लगेंगे शायद', हरुली ने मन ही मन सोचा । कुछ हिम्मत कर उस ने हाथ में दातुली उठा ली और रस्सी लेकर खेतों की ओर जाने लगी । लछिमी ने उसे रोकते हुए कहा कि एक दिन और रुक जाते है । हल जोतने वाला हलिया कल तक आ जाएगा । हरुली रुकी नहीं । आज धूप है तो टाइम पर कट जाएगा । बारिश आ गई तो सब बेकार हो जाएगा ।बढ़ती धूप में हरुली अपनी फ़सल काट रही थी । पीठ का दर्द अलग परेशान कर रहा था रह-रह कर उसे सिर घूमता हुआ लग रहा था । हरुली ने सोचा कि थोड़ी देर और फ़सल काटकर जल्दी ही वापस चली जाएगी । सुबह बिना कुछ खाए जल्दीबाज़ी में सिर्फ़ चाय पी कर निकल आई थी । यह लछिमी भी बड़ी पागल है । बिना मेरे एक दाना भी नहीं खाती। जल्दी जाना चाहिए।दिन तक वह बहुत काम कर चुकी थी । उसने उठने का प्रयत्न किया । किंतु ठीक से उठ भी न पाई । वहीं

लहराती हुई हमेशा के लिए गिर गई।

लछिमी देर से सासु का इंतज़ार कर रही थी । झोई भात बनकर ठंडा हुआ जा रहा था । घर के सब काम भी निपट गए , पर ये न आईं । सुबह से किसी ने भी भोजन नहीं किया था । एक तरफ़ पति की चिंता ने उसे खा रखा था । वहाँ से अभी तक कोई संदेश न आया था । वह तो कल पोस्ट ऑफ़िस तक जा आई थी । पोस्ट बाबू ने कह दिया कि ऐसी हालत में यहाँ मत आ । कोई चिट्ठी पत्री होगी तो मैं खुद घर दे आउंगा ।

धूप आगे बढ़ रही थी । लछिमी को सास की चिंता हुई । शारीरिक रूप से लछिमी भी अत्यधिक कमजोर थी ।सुबह से घर के काम , गोरु-बाछी का गोबर निकालते , पानी लाते हुए वह बहुत थक चुकी थी । धूप भी तो बहुत तेज़ हो रही है। ऐसे में बुढ़िया पता नहीं कहाँ चली गई । धूप के समय पहाड़ी रास्ते सब खाली थे । मन में सोचती जा रही थी कि जाते ही सासु को वापस आने को कहेगी । धूप , थकान , भूख से उसे अत्यधिक कमज़ोरी हो रही थी। चक्कर आने लगे थे। किसी प्रकार ढूँढती हुई वह उस खेत में जा पहुँची, जहाँ सास गिरी पड़ी थी । घबराहट में उसके मुँह से एक स्वर फूटा ,"माँ ...... ।" और उसी क्षण वहीं गिर गई । उसके प्राण पखेरू उड़ गए ।

ठीक इसी समय डाकबाबू अपनी चिट्ठियाँ खंगाल रहे थे ।लछिमी के नाम का एक पत्र उन्हें हाथ लगा । प्रसन्नतावश वह लछिमी को पत्र पहुँचाने उसके घर की ओर चल दिए। घर की कुंडी बंद थी । बाहर से कई बार आवाज देने पर भी कोई बाहर न आया । थक-हार कर डाक बाबु ने पत्र को दरवाज़े की झिर्री से भीतर की ओर डाल दिया ।

पत्र के अंदर मोहन सिंह के युद्ध में खेत रहने का समाचार सेना की तरफ़ से भेजा गया था, किंतु इस पत्र का इंतेज़ार करने वाला वहाँ कोई नहीं था

****

2

छुट्टी औरत

"सुनो जी ! "मेरी पत्नी शारदा ने कहा । शारदा के लहजे से ही पता चल गया था कि मानो वह फ़िर से पास -पड़ोस के किसी घर का राज बताने वाली हो । शारदा की हमेशा से ही यही आदत रही है } पूरे मोहल्ले में घूमती फ़िरती है । कभी किसी की बीमारी का हाल पूछने तो कभी किसी जच्चा-बच्चा को देखने , कभी कीर्तन के लिए तो कभी किटी पार्टी के बहाने । इसी तरह साथ में उस घर -घर के राज पता चल जाते थे । मोहल्ले में उसके साथ की अन्य औरतें भी आपस में सारे राज़ बताने के बाद कहतीं " जाने दो , हमें क्या? वो तो तुम अपनी खास हो , इसलिए तुम्हें बता दिया । किसी और से मत कहना । " यह डायलॉग कितने बार दोहराया गया होगा । सुन कर कितने ही बार हँसा था मैं ।

आज भी शारदा के "सुनो जी ! कहते ही यही सब बातें दिमाग में आ गई । एक उलझन के साथ एक जिज्ञासा भी हुई कि आज किसके बारे में बता रही होगी?

"सुनाओ !" मैंने लापरवाही से कहा ।

आपको वह सिंह साहब की बेटी याद है? वही सिंह साहब ! जो हमारे घर से दो घर छोड़कर रहते थे । उन्हीं की बेटी नीलम !नीलम सिंह !

नीलम सिंह नाम सुनते ही बड़ी-बड़ी आँखों वाली सत्रह अठारह वर्ष की सुंदर सी अल्हड़ किशोरी का चेहरा सामने आ गया।यही उम्र थी उसकी, जब हम इस मोहल्ले में आए थे । हमारी नई -नई शादी हुई थी और तब ही नीलम और मेरी पत्नी शारदा की एक समारोह में मुलाकात हो गई थी । जल्दी ही दोनों के बीच प्रगाढ़ मित्रता हो गई । शारदा और नीलम भाभी और ननद के रिश्ते से बँध गए । अकसर नीलम हमारे घर आती -जाती रहती थी।

नीलम को गाने का बहुत शौक था। खासकर शास्त्रीय संगीत । उसकी आवाज भी बड़ी सुरीली थी । पहले यूँ ही गाती थी । जब सभी जगह उसकी तारीफ़ में पुल बाँधे जाने लगे तो उसने विधिवत शास्त्रीय शिक्षा लेने का निर्णय लिया । माता-पिता की इकलौती संतान नीलम की यह ख्वाहिश पूरी करने के लिए पिता ने शहर के **प्रसिद्ध** संगीतज्ञ पंडित लक्ष्मीनारायण शर्मा शास्त्री जी के पास उसके संगीत सीखने की व्यवस्था कर दी थी ।

नीलम रोज स्कूल के बाद पंडित लक्ष्मीनारायण शर्मा शास्त्री जी के घर संगीत सीखने जाने लगी । आवाज तो उसकी पहले से ही मधुर थी । अब उचित दिशा-निर्देशन के बाद उसकी कला और निखर आई ।छह माह में ही नीलम गुरु जी की प्रिय शिष्या बन गई । पंडित जी यदा-कदा उसे अपने साथ संगीत प्रोग्राम में ले जाने लगे ।

पंडित लक्ष्मीनारायण शर्मा शास्त्री जी का एक बेटा था आलोक ।वह उस समय डॉक्टरी कर रहा था । वह एम.बी. बी.एस के चतुर्थ वर्ष में था । वह भी गायन कला में प्रवीण था । कभी-कभी शास्त्री जी व्यस्त होते तो शाम के समय आलोक ही संगीत सिखा देता या संगीत कार्यक्रम की व्यवस्था करनी होती , तो आलोक को ही जिम्मेदारी दे देते । किशोर वय की नीलम आकर्षक और प्रतिभाशाली आलोक की ओर आकृष्ट हो गई । यह प्रेम एकतरफ़ा नहीं था। आलोक भी नीलम के प्रेम में डूब चुका था । अकसर संगीत की धुनों के साथ उन दोनों की जुगलबंदी के मधुर स्वर सुनाई देने पड़े । गीत गाते हुए वे एक दूसरे को ही देखते । नज़रों ही नज़रों में प्रणय प्रलाप चलता रहता। अनुभवी लोगों की नज़र से यह प्रेम छुप न सका। आसपास के लोगों में वे चर्चा के विषय बन गए ।

पंडित लक्ष्मीनारायण शर्मा शास्त्री जी और उनकी पत्नी तक भी यह बात पँहुची । वैसे तो शास्त्री जी नीलम की योग्यता के विशेष कायल थे और उसे बहुत प्यार करते थे । किंतु बात उनके बेटे से जुडी हुई थी । ऊपर से भिन्न जाति का भी मामला था ।अतः यह बात उन्हें बड़ी नागवार लगी ।शास्त्री जी की पत्नी ने भी बेटे को और नीलम को अलग-अलग समझाया । नीलम के माता-पिता को बुलाया गया । कुछ दिन तक इस मसले में बात-चीत हुई । इसी कारण नीलम और आलोक मिल

न सके। नीलम अब तक कॉलेज जाने लगी थी। वह अपने निर्णय लेने के लिए स्वयं को स्वतंत्र समझती थी। वैसे भी उसके पिता ने आजतक उसकी सभी इच्छाएँ पूरी की थी।उन्होंने नीलम को कभी "न " सुनना न सिखाया था। इतने दिन के वियोग से नीलम और आलोक के लिए दूर रहना मुश्किल हो गया था। अतः उन्होंने विवाह करने का निर्णय ले लिया। आलोक को उसके पिता जी ने समझाया कि वह कम से कम डॉक्टरी पूरी करने तक तो रुक जाए। किंतु दोनों अटल रहे।

अंततः दोनों पक्ष के माता-पिता राज़ी हो गए और एक अच्छा मुहुर्त निकाल कर दोनों का विवाह कर दिया गया। पंडित शर्मा जी तो नीलम से पहले ही लगाव रखते थे। शर्माइन भी नीलम के सेवाभाव और आत्मीय स्वभाव के कारण शीघ्र ही उससे प्यार करने लगीं। उनकी प्रेम वाटिका में संगीत के सातों सुर फ़िर से गुंजायमान होने लगे। आलोक और नीलम मानो एक दूसरे के लिए ही बने थे। उनके प्रेम भरे गीत साँझ के समय अकसर गली में सुनाई देते।

साल भर बाद ही नीलम गर्भवती हो गई। इसी बीच आलोक भी डॉक्टरी पूरी कर चुका था। उसे अमेरिका में आगे की शिक्षा का अवसर मिला। पंडित लक्ष्मीनारायण शर्मा शास्त्री जी और उनकी पत्नी दोनों के लिए यह बहुत ही सुख की बात थी। बेटे की सफ़लता और पौत्र का सुख साथ ही मिल जाने का अवसर था यह। शास्त्री जी ने अपनी पत्नी के साथ अपने कुल देवता को याद किया और अभिभूत हुए। नियत समय पर आलोक अमेरिका के लिए चल पड़ा। नीलम गर्भावस्था के अंतिम चरण में थी। अतः ऐसे समय में उसके साथ जाने की बात ही न थी। पति की प्रगति ही उसके संतोष का विषय थी। पति-पत्नी ने एक दूसरे से भाव भीनी विदाई ली और नीलम अगले मिलन की प्रतीक्षा करने लगी।

दो माह बाद नीलम ने एक सुंदर पुत्र को जन्म दिया। सास-ससुर और माता-पिता ने बालक के लिए कोई कसर न उठा छोडी थी। खूब धूमधाम से उसका नामकरण किया गया। बस जो कमी थी वह उसके पिता की थी। नामकरण में भी पिता के स्थान पर चाचा ने ही सब कर्म कांड कराए।बालक का नाम वसंत रखा गया। सच ही तो था उनकी प्रेम बगिया

में वह वसंत बनकर ही आया था। नीलम तो चाहती थी कि आलोक वहाँ होता, पर इतनी दूर से आना संभव न था। वह मन मसोसकर रह गई।

पहले आलोक के पत्र , फोन अक्सर आते। फ़िर पत्र आने कम होने लगे। फ़िर धीरे-धीरे फोन और पत्र दोनों लगभग नहीं के बराबर ही रह गए। कई बार जब वह काम में व्यस्त होती , आलोक उस से बात किए बिना ही माता-पिता को अपने कुशल मंगल की खबर देकर इतिश्री कर लेता और इंतज़ार करती रह जाती नीलम।

फ़िर यह इंतज़ार एक साल नहीं, दो साल नहीं पूरे पाँच साल तक चला। इधर आलोक के छोटे भाई की शादी तय हो चुकी थी। आलोक का आना निश्चित ही था। नीलम भाग-भाग कर सब तैयारियाँ कर रही थी। साथ ही अपना विशेष शृंगार भी कर लेती। क्या पता कब आलोक आ जाए ? वैसे भी उसे सरप्राइज देने की आदत है। अंतत : इंतज़ार खत्म हुआ। एक दिन एक पत्र नीलम के ससुर जी के नाम आया। पत्र आलोक ने भेजा था। उसने लिखा था पिताजी , बहुत दिनों से यह बात बताना चाह रहा था , किंतु हिम्मत न आई। यहाँ अमेरिका में मैंने एक अमेरिकन लड़की से विवाह कर लिया है। इस विवाह के वज़ह से अमेरिका की नागरिकता भी मिल गई है। दो छोटे बच्चे भी हैं। जब तक नीलम वहाँ रहेगी घर नहीं आ सकुँगा। आखिर उसका दोषी हूँ। किस तरह उसे मुँह दिखाऊँगा ? वैसे भी एमिली को यह सब पता नहीं है। उसे भी बुरा लगेगा।नीलम को तलाक के पेपर भिजवा दुँगा। मेरी तरफ़ से उसे कोई रोक नहीं है। चाहे तो दूसरी शादी कर ले। बाकि दस लाख का यह चैक उसके लिए भेज रहा हूँ। हो सके तो माफ़ कर दे।

पिता से भी अधिक लाड़ लड़ाने वाले ससुर इस पत्र को पढ़कर हक्का -बक्का रह गए। भारतीय समाज में इस तरह तलाक , दूसरा विवाह तब मान्य न थे। माँ ने सुना तो सिर पीट लिया। इतने वर्षों से नीलम ने उनकी निःस्वार्थ सेवा की थी। दूसरी जाति की होने पर भी अब उन्हें नीलम से कोई शिकायत न थी। वे उसे बहुत स्नेह करने लगी थीं। साथ ही , नीलम ने पोते का सुख दिलाया था। वे अपने पोते वसंत के वात्सल्य में डूबी हुई थी। इस अवसर की उन्होंने कल्पना भी न की थी।

नीलम ने पत्र पढ़ा तो उसके पैरों तले जमीन खिसक गई । इस प्रेम में पड़कर उसने अपनी शिक्षा भी पूरी न की थी । पाँच साल तक रात-दिन जिस व्यक्ति का इंतजार किया था । जिसके कुशलता के लिए व्रत-उपवास किए । जिसके आगमन के लिए पलकें बिछाए बैठी हुई थी आज वही व्यक्ति घर इसलिए नहीं आ सकता था , क्योंकि वहाँ नीलम रहती थी ।

कुछ दिन उहापोह , सोच-विचार में गुजरे । अंत में नीलम ने पितृगृह वापस आने का निर्णय लिया । सास-ससुर ने अपने प्रेम का वास्ता दिया। पोते के प्रेम की दुहाई दी । पर नीलम ने जो निर्णय कर कर लिया था , उस पर अडिग रही । उसने सास-ससुर को समझाया कि वे कभी भी वसंत से मिल सकते हैं । लेकिन इस घर में मैं अब परित्यक्ता की हैसियत से नहीं रह सकती । यह पहले आपके बेटे का घर है । मैं भी नहीं चाहती कि वे मेरे कारण अपने माता-पिता से न मिले। स्वाभिमानी नीलम ने दस लाख की धन राशि भी लेने से इंकार कर दी । वह अपने पिता के घर आ गई ।

नीलम के लिए जीवन इतना भी सरल न था । वह पिता के संरक्षण के बूते पर वापस आई थी । लेकिन अपनी इकलौती बेटी के वैवाहिक जीवन का इस तरह समापन और उसकी उदासी ने पिता को गहरा धक्का पहुँचाया था । वह गहरी चिंता में डुब गए । एक रात ऐसे ही चिंतित हो सोए तो फ़िर कभी न उठे । पिता की आकस्मिक मृत्यु नीलम के लिए गहरा आघात थी । छह माह में ही उसने यह दूसरा सदमा झेला था । पिता की मृत्यु के साथ ही नीलम पर अपने पाँच वर्ष के बालक और माँ की देखभाल की भी जिम्मेदारी आ गई ।आखिर कब तक रोती ।नीलम ने भी परिस्थितियों से संघर्ष करने का साहस बटोरा । कम उम्र में विवाह करने के निर्णय और जल्दबाज़ी में बालक के जन्म के कारण नीलम को अपनी पढ़ाई पूरी करने का अवसर न मिला था । किंतु ससुर जी ने पूरा लाड़ दिखाते हुए उसे संगीत बहुत अच्छे से सिखाया था । उसकी आवाज़ भी मीठी थी । अत: उसने आसपास के संगीत समारोह में हिस्सा लेना शुरु किया । उसकी मधुर आवाज से श्रोता मंत्रमुग्ध हो जाते थे । लेकिन इस शहर में हर जगह उसकी यादें जुड़ी हुई थीं । लोग नीलम को उसके

पिता और ससुर जी के नाम से जानते थे। अतः जहाँ भी जाती , वही बातें दोहराई जातीं । आखिर नीलम भी कब तक यादों के साये में रहती ? वह इस सब से बाहर आना चाहती थी। अत: वह बाहर जाने की कोशिश कर रही थी ।

एक बार बंबई की एक नामी म्युजिकल बैंड का विज्ञापन आया । वे एक महिला गायिका ढूँढ रहे थे । उस बैंड को किसी ने नीलम का नाम सुझाया । झटपट नीलम को अच्छे ऑफ़र के साथ बंबई आने का अवसर मिला । अंधे को क्या चाहिए , दो आँखें? नीलम भी इस अवसर को खोने नहीं दे सकती थी । अतः उसने पिता का मकान बेच दिया और हमेशा -हमेशा के लिए बंबई चली गई थी । सुना था कि वहीं उसने शादी भी कर ली थी । उसी नीलम का आज अचानक पत्नी के मुँह से जिक्र सुनकर मुझे आश्चर्य हुआ ।

"हाँ बताओ! क्या हुआ उसे ? "मैंने पूछा।

"उसे कुछ नहीं हुआ । आज उसका फोन आया था । उसने फ़िर से शादी कर ली।" पत्नी ने कहा ।

"शादी तो उसने पहले ही कर ली थी ना!" मैंने पत्नी से कन्फ़र्म करते हुए पूछा।

" अरे नहीं! यह उसकी तीसरी शादी है । " पत्नी ने कहा ।

"हे भगवान ! इस औरत को कोई शर्म -लिहाज है या नहीं ! तीसरी शादी ? मानो शादी नहीं हो गई ,कोई खेल हो गया । पचास साल की तो हो ही गई होगी वह और उसका बेटा वसंत ? वह तो अब तक गबरू जवान हो गया होगा ! उसने भी अपनी माँ को रोका नहीं ? बेटे की शादी की उम्र में माँ शादी कर रही है । क्या जमाना आ गया है ? धिक् धिक् ।"मैंने कहा।

"सुनो जी ! पूरी बात सुने बिना ही कुछ ज्यादा ही ओवर रिएक्ट कर रहे हो आप ।" पत्नी ने टोका ।

"क्या पूरी बात सुनुँ ? " मैंने पत्नी से कहा ।

"देखो जी ! आज नीलम से बहुत बातें हुई । उसने कहा कि भाभी ! अब मायके की तरफ़ से आपके सिवा किसी की याद नहीं । यहाँ से जाने के बाद नीलम ने उस बैंड में ही काम किया । साथ में वसंत और माँ की भी जिम्मेदारी थी । दो तीन साल में ही नीलम ने अच्छी पहचान बना

ली थी । साथ ही उसकी आमदनी भी अच्छी खासी हो गई । अपने नाम पर एक घर भी ले लिया ।उसे रात को प्रोग्राम करने के लिए आना-जाना पड़ता था । तो बैंड का ही एक आदमी हरीश उसे लाता और छोड़ता था । धीरे-धीरे उस से नज़दीकी बढ़ गई । हरीश माँ और वसंत की भी देखभाल करता था । नीलम को लगा कि यह सही होगा कि लोग उसे बदचलन कहें , इस से बढ़िया वह हरीश से शादी कर सुरक्षित जिंदगी जी ले । अतः उसने हरीश से शादी कर ली ।

शादी करते ही हरीश ने रंग दिखाने शुरू कर दिए । वह शराब पी कर रहता । दिन भर घर में पड़ा रहता । कोई काम न करता ।बूढ़ी माँ को भी अपशब्द बोलता था । वसंत के साथ उसके रिश्ते बुरे से बुरे होने लगे । वसंत ने तो कभी उसे अपना पिता माना ही नहीं । तकरार बढ़ने लगी । वसंत दस वर्ष का था । वह हमेशा फोन द्वारा अपने दादा -दादी के संपर्क में रहा था । अब थोड़े समय से उसके पिता आलोक ने भी वसंत से संपर्क शुरु कर दिया था । घर की स्थिति तनावपूर्ण हो गईं । हरीश वसंत को पिता कह कर बुलाने को कहता , जिसे वसंत हमेशा नकार देता । वह उद्दंड होने लगा । नानी के सिवा वह किसी की न सुनता । इधर जब वह हरीश को नानी के लिए भी अपशब्द कहते सुनता तो वह आग बबूला हो उठता ।

धीरे-धीरे हरीश ने नीलम पर पैसे की माँग बढ़ानी शुरु कर दी । न देने पर वह मार-पीट भी करता । एक तरफ़ नीलम दुनिया के सामने सफ़ल गायिका बन उभर रही थी , दूसरी तरफ़ घर के तनाव से पीड़ित थी । इसी दौरान एक सड़क दुर्घटना में माँ की मौत हो गई । अब घर में वसंत की देखभाल करने वाला कोई न रहा । एक शाम जब नीलम एक जगह वैवाहिक कार्यक्रम के संगीत प्रोग्राम में परफोरमेंश देकर लौटी तो उसने देखा कि हरीश वसंत की पिटाई कर रहा है । अपने ऊपर अत्याचार को नीलम ने सहन कर लिया था , पर बेटे के ऊपर यह सब होते वह देख न सकी । उसी वक्त पुलिस बुलाकर हरीश को जेल भिजवा दिया । बाद में तलाक ले कर हमेशा के लिए छुटकारा पा लिया था ।

इधर वसंत ने भी पढ़ाई पूरी कर ली । उसके पिता आलोक ने उसे अमेरिका आने को कहा । हालंकि वसंत माँ के साथ ही पला-बढ़ा था किंतु

पिता के संपर्क में भी था । अब पिता की राह में वह भी अमेरिका में ही सैटल हो गया था । पीछे रह गई थी उसकी यादें लिए अकेली नीलम । वह नीलम को बार-बार अमेरिका आने को कहता है, पर नीलम को न जाने क्यों इस नाम से ही चिढ़ है ।

अब नीलम ने अपना खुद का भजन ग्रुप बना लिया है । अच्छी आमदनी है।समाज में अपना नाम और खुद की पहचान है । बस नहीं है तो कोई साथ रहने वाला । विनोद, नीलम का तीसरा पति, एक व्यवसायी हैं ।व्यवहार से बहुत सरल आदमी है । एक मित्र के यहाँ दोनों की मुलाकात हुई थी । उनके कोई बच्चे नहीं हैं । पत्नी थी , जो तीन वर्ष पहले स्वर्ग सिधार गई । उन्हें भी सहारे की जरुरत थी । दो लोगों ने अपने सुख-दुःख बाँट लिए और एक हो गए ।" पत्नी ने बात पूरी करते हुए कहा।

मेरी पत्नी शारदा बहुत ही संस्कारी भारतीय नारी है । हमेशा वह व्यर्थ के नारीवाद का विरोध करती रहती है । उसकी नज़रों में पति परमेश्वर है । उसके मुँह से तीन-शादियाँ करने वाली अत्याधुनिक विचारों वाली नीलम का समर्थन सुन मैं आश्चर्यचकित रह गया । मैंने कहा -"शारदा ! ठीक है कि नीलम तुम्हारी अच्छी दोस्त रही । पर उसके खुले विचारों का समर्थन कर तुम कुछ ज्यादा ही लिबरल नहीं हो रही ?"

" देखो जी ! मर्द को अपनी बीबी को सम्हाल कर हमेशा सहारा देना चाहिए । एक विधवा औरत अपने पति की यादों के सहारे जीवन गुजार लेती है । किंतु प्रेम में धोखा खाई एक छुट्टी औरत (छोड़ी हुई औरत) ! उसे तो अपने को बनाए रखने के लिए, खुद को जीवित रखने के लिए कोई ठौर तो चाहिए ही न ! " शारदा ने कहा । मैं पत्नी के चेहरे को देखता रह गया । एक स्त्री की पीड़ा उसके चेहरे और स्वर से गूँज रही थी ।

****

3

आनंदी दी

आज लगभग बीस साल बाद मेरा गाँव में आना हुआ । उत्तराखंड के हल्द्वानी शहर से मात्र एक घंटे की बस यात्रा कर इस छोटे से गाँव में जा पहुँचा। कुछ भी तो नहीं बदला इन बीस सालों मे । वही खेत- खलिहान, बरगद का पेड़ , नदी -पगडंडियाँ । हाँ, स्कूल की इमारत अब बहुमंजिली हो गई थी । मुख्य सड़क के आस-पास दुकानों की संख्या ज्यादा हो गई थी । इधर-उधर कोचिंग इंस्टीट्यूट कुकुरमुत्ते की तरह उग आए थे। इसके अलावा एक परिवर्तन यह भी था कि अब पक्के घरों की संख्या ज्यादा हो गई थी । पहले की तरह बडे और खुले आँगन वाले गोबर से लिपे-पुते ऐपड़ लगे हुए घरों की संख्या बहुत कम थी ।

यही सब देखता हुआ मैं आगे जा रहा था । माँ की मृत्यु के बाद अपना पुस्तैनी घर और खेत बेचकर मैं हमेशा के लिए दिल्ली ही बस गया था । पत्नी सरिता भी शहर की ही लड़की है। उसे गाँव और खेतों से कभी कोई लगाव न रहा । इन बीस वर्षों में गाँव के पुराने दोस्त कहाँ हैं किस हाल में हैं , कुछ पता न था। गाँव में अब रहने का कोई ठौर -ठिकाना न था । यूँ ही भटकता हुआ मैं कुछ आगे चल पड़ा। मोड़ के पास दो कमरों का यह जर्जर मकान दिखाई दिया । मकान को देखते ही आनंदी दी की स्मृति ताज़ा हो आई ।

मंझोले कद की , थोड़ा भरे हुए शरीर वाली आनंदी दी का रंग गेंहुआँ और नाक- नक्श सामान्य थे।बात-बात में शिव-शिव कहना उनका

तकिया-कलाम था । जब से मुझे याद है तभी से आनंदी दी से मेरा परिचय था। आनंदी दी तो मुझे इतना प्यार करती थीं कि उसने कई बार माँ से मुझे गोद लेने की इच्छा व्यक्त की थीं । आनंदी दी माँ की सबसे गहरी मित्र थीं । हालांकि वे माँ से काफ़ी बड़ी थीं , किंतु इससे उनके मित्रता में कोई अंतर न आया । अकसर जब वे शाम को घर आ जाती तो रात का खाना खाए बिना माँ उन्हें वापस न जाने देती ।

आनंदी दी का सम्मान हर कोई करता । वे अधेड़ उम्र की थीं ।बच्चा हो या बूढ़ा सभी लोग चाहें वे किसी भी उम्र के क्यों न हों, उन्हें आनन्दी दी ही कहते । सच पूछो तो वे जगत दीदी ही थी । उन्होंने किस घर पर उपकार न किए थे? हर घर के साथ उनका रिश्ता था । किसी स्त्री को बच्चे के जन्म में मदद की तो किसी गरीब को आर्थिक सहायता कर दी ।किसी के बच्चे की देखभाल कर दी तो किसी बड़े-बूढ़े के हाथ की लाठी बन गईं ।किसी बच्चे को पढ़ने में मदद कर दी तो किसी बेटी की शादी पक्की करवा दी । हर घर के साथ आनंदी दी के उपकार और अपनेपन की एक अलग ही कहानी थी ।

Enter Caption

एक बार की बात है कि मैं अपने दो दोस्तों के साथ आनंदी दी के घर के पास से गुजर रहा था । आनंदी दी के आँगन में लगे दो आम के बड़े -बड़े पेड़ थे । उन पर लगी कच्ची अमियाँ देखते ही मुँह में पानी आ

गया। झट तीनों मित्र आम चुराने की कोशिश में लग गए। गर्मियों के दिन थे। बाहर तेज़ गर्म लू चल रही थी। ऐसे में सामान्यतया कोई बाहर न निकलता था। मैं अपने दोस्त के कंधे में चढ़कर आम चुराने की कोशिश कर रहा था तभी संतुलन बिगड़ने से गिरते- गिरते बचा। इसी से हमारे मुँह से कुछ आवाजें निकल गईं। शोर सुनकर आनंदी दी बाहर आ गईं। मुझे काटो तो खून नहीं। अब तो पक्का डाँट पड़ेगी और माँ से भी शिकायत होगी। पर ये क्या! आनंदी दी बाहर आईं। हमें देखते ही एकदम दौड़ते हुए पास आ गईं। तीनों बच्चों को लगभग खींचते हुए वे अपने घर के अंदर ले गईं। तुरंत सुराही का ठंडा पानी पिलाया गया। उनका मुँह ममता से भर आया। वे हमारे लिए चिंतित थीं।उन्होंने प्यार से झिड़कते हुए पूछा कि इस गर्मी में हम बाहर क्यों घूम रहे हैं? फ़िर वे लाड़ से हमारे सिर सहलाने लगी और बार -बार गर्मी की दुहाई दे कर दिन में न निकलने की सलाह देने लगीं।इस दौरान उन्होंने न जाने कितने बार शिव-शिव कहा होगा और अपने परम आराध्य शिव से हमारे लिए प्रार्थना की। फ़िर वे गिलास भर छाछ ले आईं। इतना प्यार देखकर खुद पर कोफ़्त सी होने लगी। हम सभी मित्र आम चुराने की हरकत करने पर पछता रहे थे। एक दूसरे को इशारे कर दोषी ठहरा रहे थे और इस बात का शुक्र मना रहे थे कि कम से कम आनंदी दी को तो पता नहीं चला कि हम उनके आम चुरा रहे थे। शाम को आनंदी दी एक- एक थैला कच्चे आम हमारे घर पहुँचा गईं, तब महसूस हुआ कि आनंदी दी ने हमें आम तोड़ने की कोशिश करते देख लिया था किंतु हमें ग्लानि से बचाने के लिए उन्होंने इसका जिक्र तक न किया।

आनंदी दी गाँव में सहकारी समिति में नौकरी करती थीं जहाँ से उन्हें उनके लायक पर्याप्त धन राशि मिल जाती थी। उनके भाई किसान थे जो समय -समय पर अनाज आदि पहुँचा देते थे। इसके अतिरिक्त गाँव में भी आनंदी दी का इतना सम्मान था कि किसी के भी घर में कुछ फल-सब्जी आदि होते तो आनंदी दी के पास पहुँचाना वे अपना परम कर्तव्य समझते थे। आनंदी दी भी अकेली ही रहतीं थीं, अतः इतने सब की उन्हें दरकार न थी। वे अकसर अपने घर आने -जाने वालों को कुछ न कुछ देकर ही भेजती।

उनके पास दो कमरों का मकान था जिसमें वह अकेली रहतीं थीं ।कभी -कभी उनके भाइयों के बच्चे उनके पास थोड़ा समय बिताने आ जाते थे इसके अतिरिक्त बाकी समय गाँव ही उनका परिवार था।उनके घर के सामने एक बड़ा सा आँगन था और आँगन के आखिरी छोर पर एक झोंपड़ी बनी थी जिसमें उनकी गाय रहती थी । आनंदी दी का सारा प्यार इसी गाय पर उमड़ता । वे एक बच्चे की तरह उस गाय की देखभाल करती थी । गाय की सेवा करना और उसके दूध-दही आदि से सबको तृप्त करना ही मानो उनका उद्‌देश्य हो । लेकिन इसके अतिरिक्त आनंदी दी के बारे में लोगों को ज्यादा जानकारी न थी । वे कौन थीं , कहाँ की निवासिनी थी , उनका परिवार में कौन -कौन थे , वे विवाहिता थीं या अविवाहिता अथवा विधवा आदि इन प्रश्नों पर अकसर लोग अटकल लगाते रहते थे । आनंदी दी ने कभी इस पर स्पष्ट बात नहीं की । ये सब बातें पूछने पर या तो वे हँसकर टाल देती या बात घुमा देती । धीरे- धीरे लोगों ने इस बात पर प्रश्न ही छोड़ दिए और आनंदी दी को उसी तरह स्वीकार कर लिया जैसी वे थीं । वैसे भी किसी ने आनंदी दी को अपना घर छोड़कर कहीं जाते न देखा था । अगर किसी कारण वे गाँव से बाहर जाती भी , तो शाम होते-होते लौट आती ।अपनी गाय छोड़ने की बात से ही उनके मुँह से शिव-शिव निकल जाता ।

एक बार आनंदी दी बहुत बीमार पड़ गईं । इसके बावजूद वे अस्पताल में भरती होने को तैयार ही न थीं । ऐसे में माँ ने उनके देखभाल की जिम्मेदारी ले ली । माँ जल्दी-जल्दी सब काम निपटा कर आनंदी दी के घर चले जाती और सारे दिन उनकी तीमारदारी करती । लेकिन रात को उन्हें वापस आना पड़ता । ऐसे में माँ को अकसर उनकी चिंता रहती । इसलिए माँ जिद करके आनंदी दी और उनकी गाय दोनों को हमारे घर ले आयीं । एक दिन जब माँ आनंदी दी के बाल बना रहीं थी तो माँ ने पूछ ही लिया , "आनंदी दी , आपने शादी की होती तो आज आपका भी भरा-पूरा परिवार होता । आपकी देखभाल के लिए भी बच्चे -पति होते । अगर आपको बुरा न लगे तो बताइए कि आपने शादी क्यों नहीं की । आनंदी दी कुछ क्षणों के लिए मौन रही । फ़िर हँसने लगी । वे बोली-"ऐसी बात नहीं है कि मेरी शादी नहीं हुई । मैं जब छोटी थी ,बहुत छोटी, लगभग

बारह-तेरह वर्ष की, तभी मेरे पिताजी स्वर्गवासी हो गए थे ।आनंदी दी धीरे-धीरे अपनी कहानी सुनाने लगीं ।

उस वक्त आनंदी दी के खुद के भाई भी छोटे ही थे । समाज में बाल-विवाह की प्रथा थी । रिश्तेदारों ने पड़ोस के ही गाँव में आनंदी दी की शादी करवा दी । उनके पति उम्र में उनसे बहुत बड़े थे और पहले से ही शादीशुदा थे । उनकी पत्नी बीमार रहती थीं । घर के काम- काज,बच्चे और खेती सम्हालने के लिए उन्हें कोई चाहिए था इसीलिए उन्होंने दूसरी शादी की थी । शादी के बाद आनंदी दी से एक महीने ससुराल में खूब काम लिया गया । आनंदी दी को इस सब की आदत नहीं थी । वे तो फूल सी कोमल बच्ची थीं, जिसे असमय ही कुचला जा रहा था । उनका मन विद्रोह से भर उठा । सबसे ज्यादा गुस्सा तो आनंदी दी को अपने पति पर आता । इसका कारण यह था कि आनंदी दी को लगता था कि इसी व्यक्ति के कारण उन्हें अपना घर छोड़कर यहाँ आना पड़ा । आनंदी दी उस आदमी से बहुत चिढ़तीं , किंतु कुछ करने की हिम्मत उस समय उनमें न थी ।

शादी के एक महीने बाद काला महीना पड़ गया । पहाड़ की रीति के अनुसार , नव विवाहित दम्पत्ति इस महीने में एक ही छत के नीचे नहीं रहते । अतः आनंदी दी को मायके भेजना निश्चित हुआ। नियत तिथि पर आनंदी दी अपने पति के साथ मायके की ओर चलीं । वे बहुत खुश थीं । आखिर इतने समय बाद वे मायके जा रही थी । नए कपड़े, सामान आदि लेकर पति के साथ आनंदी दी चली ।पहाड़ी रास्ता था । उस समय पक्की सड़कें और बस आदि की सुविधा भी न थी । पैदल ही चलना होता था । काफ़ी चलने के बाद शाम के समय वे पहाड़ी के उस मोड़ पर पहुँचे जहाँ से आनंदी दी के गाँव को रास्ता जाता था । खुशी और आनंद से आनंदी दी के आँसू बह निकले । वे तेज़ -तेज़ कदम बढ़ाने लगीं ।

आनंदी दी बालिका ही थीं । उस आयु में विवाह , पति , परिवार आदि की समझ उन्हें न थी । वे तो स्वच्छंद नदी थी जो बहना चाहती थी। वे एक पहाड़ी चिड़िया थी जो चहकना और आजादी से उड़ना चाहती थीं । लेकिन इस सब में उन्हें अपना पति बाधक लगता था ।इसी समय पगडंडी के नीचे उन्हें सिशौड़ (बिच्छू घास - एक प्रकार की वनस्पति

जिसको छूने से शरीर में खुजली होती है ।)की झाड़ी मिली । आनंदी दी के दिमाग में एक शरारत आई । इस आदमी से छुटकारा पाने का शायद इस से अच्छा अवसर न मिलेगा , यही सोच वह रुक गई । थैले कंधे में लादे हुए आनंदी दी की सोच से अनभिज्ञ जैसे ही उनका पति पास आया , आनंदी दी ने आव देखा न ताव, बस पूरी ताकत से उसे खाई की तरफ़ सिशौड़ की झाड़ी में धक्का दे दिया और भागते हुए अपने गाँव अपनी माँ के पास पहुँच गई ।

साँझ के अँधेरे में आनंदी दी को अकेले आये हुए देख माँ हक्का-बक्का रह गईं ।डर के मारे आनंदी दी ने कुछ न बताया । काफ़ी पूछ-ताछ के बाद देर रात जब आनंदी दी ने झाड़ी में धक्का देने की बात बताई तो गाँव से आदमियों और लड़कों का एक दल दुल्हे की खोज में निकला । रात में काफ़ी देर ढूँढ करने पर भी उन्हें कोई सफ़लता न मिली तो वे लोग वापस आ गए । सुबह फ़िर से खाई में देर तक खोज-बीन चली । आनंदी दी के ससुराल पूछताछ कराई पर वहाँ भी उनके पति न मिले। तो क्या आनंदी दी के पति खाई में गिर गए ? क्या वे जीवित न बचे ? अथवा किसी जँगली पशु का शिकार हो गए ? जी नहीं , ऐसा बिल्कुल भी न हुआ । आनंदी दी के अप्रत्याशित धक्के से उनके पति सिशौड़ के झाड़ से थोड़ा नीचे खाई की तरफ़ गिर गए थे । उन्हें इस तरह लुढ़कने से काफ़ी चोटें आईं थीं और बिच्छू घास से रगड़ के कारण शरीर जल रहा था । अपने को सम्हालते हुए वे किसी प्रकार पास के गाँव के किसी वैद्य के घर चले गए ।थोड़ा स्वास्थ्य लाभ लेकर कुछ दिनों बाद वे वहाँ से अपने गाँव वापस आ गए । उसके बाद आनंदी दी को दो-तीन बार बुलावा भेजा गया , किंतु आनंदी दी ने तो गाँठ सी बाँध ली थी । वे फ़िर कभी वापस अपने ससुराल नहीं गई । उनके बड़े भाई ने उनको फ़िर से पढ़ने की सलाह दी । जिसके बाद इंटरमीडिएट पास कर वे सहकारी संस्था में काम पर लग गई और हमेशा के लिए इस गाँव में ही रह गई । बाद में उनके भाई भी तराई-भाबर में ही जमीन लेकर खेती करने लगे और ससुराल से उनका रहा -सहा संबंध भी खत्म हो गया ।

आनंदी दी ने अपने जीवन भर दूसरों की मदद की थी । वृद्धावस्था में उनके पास एक अति कृशकाय वृद्ध व्यक्ति आ कर रहने लगा ।पता

चला कि यही व्यक्ति आनंदी दी का पति था। उसे टी0बी0 हो गई थी। परिवार और औलादों ने उसे घर से बाहर का रास्ता दिखा दिया था। सबने आनंदी दी को इस आदमी से दूर रहने की सलाह दी। जब जीवन भर इस आदमी ने आनंदी दी की सुध न ली तो आखिर अंत मे आनंदी दी क्यों इस आदमी के लिए अपनी जान जोखिम में डाले ? किंतु आनंदी दी हमेशा से अपने निर्णय में अटल रहीं थीं। वे जी-जान से उसकी सेवा में जुट गई और अपने पति के अन्तिम दिनों को सरल बनाने की कोशिश करते रहीं। उनके अनुसार उन्होंने सबके प्रति कर्तव्य निभा दिए , बस अब यही कर्ज चुकाना बाकी रहा था।

उनके पति की मृत्यु के दूसरे दिन जब लोग उनके घर शोक प्रकट करने पहुँचे। बहुत खटखटाने पर भी जब दरवाजा न खुला तो गाँव के लोगों ने दरवाजा तोड़ने का निर्णय लिया। देखा कि आनंदी दी चिर निद्रा में सो चुकीं थीं। माँ के शब्दों में ," उनके चेहरे पर ऐसी असीम शांति थी जो किसी योगी के लिए ही संभव थी। " सच में आनंदी दी जैसे कर्म योगी सिर्फ़ परोपकार के लिए ही आते हैं।आनंदी दी का अध्याय खत्म हुआ, किंतु उनसे जुड़ी यादें इस गाँव के घर-घर में हमेशा के लिए बनी रहेंगी।

****

4

भूरी आँखों वाली

रेनू रोज़ की तरह सुबह जल्दी उठी । मुँह -हाथ धोकर चाय बनाने लगी । तभी बाबू (पिताजी) ने कहा ,"आज से अपनी ईजा(माँ) का खाना भी बाँध देना , उसे भी साथ जाना है।"

"ठीक है". कह कर रेनू घर के काम निपटाने लगी । रेनू भूरी आँखों वाली , सुनहरे और काले मिले-जुले बालों वाली, पहाड़ी सुँदरता लिए , गुलाबी गालों वाली गोरी-चिट्टी,कोयल सी मिट्ठी आवाज़ वाली लड़की थी ,जो अपने माता-पिता, दो छोटे भाई और एक छोटी बहन के साथ अल्मोड़े के पास एक गाँव में रहती थी । पत्थर से बना मकान और उसके आगे एक बड़ा- सा आँगन । कभी इस आँगन में दो -तीन गाय भी बँधी रहती थीं और खेती से आने वाली फ़सल भी यहीं रखी जाती थी । लेकिन पिता को शराब की लत लग गई । फ़िर पहले गायें बिकीं, बाद में पुस्तैनी खेती भी धीरे-धीरे बिकती गई । अब घर के पास ही थोड़ी सी जमीन है जिसमें रेनू और उसकी माँ थोड़ा साग-सब्जी उगा लेते हैं । छः लोगों का परिवार और घर के मुखिया को शराब की लत हो तो भुखमरी की नौबत तो आनी ही थी । घर के संचालन के लिए रेनू के माँ-बाबू मज़दूरी करने लगे । रेनू दसवीं तक ही पढ़ पाई थी ।रेनू की पढ़ाई तो छूट गई ,पर उसने सोचा था कि अपने भाइयों और छोटी बहन को वह पढ़ा कर लायक जरूर बनाएगी ।

कुसुम लता जोशी

रेनू जल्दी-जल्दी रोटियाँ सेंकने लगी । देर हुई तो ठेकेदार ईजा -बाबू को काम में न रखेगा । फ़िर बाबू के कोप का भाजन भी उसे ही बनना पड़ेगा । वैसे भी आए दिन बाबू शराब पीकर घर में कभी माँ , कभी रेनू और कभी दूसरे बच्चों के साथ मारपीट करते ही थे , किंतु काम न मिलने पर मार तो मिलेगी ही शाम का खाना भी न मिलेगा । रेनू ने टिफ़िन प्लास्टिक के बैग में पैक कर माँ के हाथ में थमा दिया । भाई -बहन पहले ही स्कूल जा चुके थे । रेनू ने अपनी चाय गरम करने रखी । चाय के साथ रोटी डुबा कर खाने लगी । अभी तो ढेर सारा काम बाकि था आज आँगन भी लीपना है , पिछली रात की बारिश ने सब कुछ बरबाद कर दिया था । रेनू पड़ोस की कविता चाची से गोबर भी माँग लाई थी । अब नौले (पहाड़ में पानी इकट्ठा होने वाली जगह,जहाँ से लोग पानी भरते हैं) से पानी भर कर लाने लगी । तभी संजू आ गया । संजू को देखकर रेनू के मुँह में मुस्कान आ गई । संजू पास आकर उसके कंधे से कंधा मिलाते हुए बोला ,"ला,ला , यह घड़ा मुझे दे दे । बीस किलो की लड़की और इतना बड़ा घड़ा !"

रेनू को संजू का साथ अच्छा लगता था । संजू को बीस-बाइस साल की उमर का लगता था । वह पहाड़ का नहीं था । उसने बताया था कि उसके माता-पिता मेरठ में कहीं रहते हैं । वो यहाँ टैक्सी चलाता था । नीचे तिवाड़ी जी के घर वह किराएदार था । उसके पास मोबाइल था , जिसमें वह रेनू को नई -नई वीडियो दिखा देता था । उसने रेनू को भी मोबाइल दिलाने की बात की थी । पर रेनू ईजा-बाबू से डरती थी । बाबू को पता चलेगा तो मार ही डालेंगे । रेनू आँगन लीपने लगी , संजू आँगन के किनारे बनी पत्थर की दीवार पर बैठ चाय पीता रहा । संजू ने शादी के लिए पूछा । रेनू शरमा गई । बाबू नहीं मानेंगे । संजू अपनी मस्ती में बोला ,"बाबू नहीं माने तो उठा कर ले जाउंगा तुझे ।" संजू का यही अंदाज तो उसे पसंद है । संजू टैक्सी लेकर अक्सर दिल्ली जाता । वह वहाँ की बहुत सी बातें रेनू को बताता । रेनू तो अल्मोड़ा भी कभी -कभार ही जा पाती थी । दिल्ली की बातें उसे स्वप्न लोक सी लगती ।

रेनू अपने ऊपर अपने परिवार की जिम्मेदारी समझती थी । वह घर की सबसे बड़ी लड़की थी । वह चाहती थी कि कुछ काम कर पैसा कमा ले

, परंतु वह ज्यादा पढ़ी -लिखी न थी । उसे कौन काम देता ? लेकिन संजू का कहना था कि अगर इंसान को कुछ दूसरा काम करना आता हो तो बड़े शहरों में पढ़ाई का इतना महत्त्व नहीं है। रेनू दिखने की बहुत सुंदर और गोरी-चिट्टी थी । साथ ही उसकी आवाज भी बहुत ही मीठी थी । गाँव में जब भी शादी-ब्याह, कीर्तन -भजन होते तो लोग उसे याद करते थे । संजू कहता था कि रेनू दिल्ली में गाने की कंपनी में ही बहुत सा पैसा कमा सकती थी । एक बार दोनों की शादी हो गई तो दोनों मिलकर दिल्ली में अपनी गृहस्थी जमा लेंगें । फ़िर रेनू अपने परिवार को भी पैसा भेज सकती है और अपने भाइयों को दिल्ली के अच्छे स्कूलों में पढ़ा सकेगी । संजू की बात सुनकर रेनू को लगा कि दुनिया इतनी कठिन नहीं है । चाहे तो इन्सान कुछ भी पा सकता है और अपने सपने पूरे कर सकता है ।

रेनू अपनी ईजा से कई बार प्रायवेट इंटर की पढ़ाई के लिए पूछ चुकी थी पर उसके पास इतने पैसे भी कहाँ होते कि वह अल्मोड़ा जा कर कॉलेज की फ़ीस जमा कर सके और किताब ला सके । वह अपने इन हालात को बदल देना चाहती थी । वह संजू से प्यार करती थी और उस पर पूरा भरोसा भी था । गाँव में भी क्या रखा है , यहाँ भी काम करने , पैसे कमाने सभी लोग बाहर ही जाने वाले हुए । मगर रेनू को अपने ईजा-बाबू से ये बात कहने की हिम्मत न थी । संजू ने कहा कि पहले मेरे साथ चल , एक बार शादी हो गई तो कुछ दिनों बाद सब ठीक हो जाएगा । फ़िर वापस आ कर माफ़ी माँग लेंगे । संजू ने दूसरे कुछ लोगों के बारे में भी बताया जिन्होंने भाग कर शादी की थी ,जब पैसे वाले होकर वापस लौटे तो परिवार ने माफ़ कर दिया । संजू की बातें तो सच्ची लगती थी पर रेनू डरती थी ।

एक सुबह ईजा ने कहा कि जरा ढंग की बनकर रहना , लड़का देखने आने वाला है । शाम को बाबू एक आदमी के साथ घर आए । बात करने से पता चला कि उसके पहले से ही दो बच्चे हैं । बीबी बीमार होकर मर गई । अब दूसरी शादी करना चाहता है । घर में भैंस है ,खेती है , दो बच्चे हैं इनको देखने के लिए भी तो कोई चाहिए ! रेनू ने आपत्ति जताई । तो माँ बोली कि अब कहाँ से लाएँ तेरे लिए सेठ दुल्हा ? एक तो वो कम पढ़ी लड़की से बिना दहेज के शादी कर रहा है । यहाँ घर में भी दो टैम का खाने

का पता नहीं । कम से कम तू जाएगी तो तेरे ब्याह की चिंता तो खतम होगी ।प्रायवेट कंपनी में काम भी करता है । दस हज़ार रुपए हर महीने तन्खा है , मंदिर में ही शादी करने को तैयार है। सारा खर्च भी उठा रहा है और गहने -जेवर भी पूरे दे रहा है । तेरी तो किस्मत बन जाएगी । और क्या चाहिए तुझे ।

बाबू ने रेनू की नाराजगी सुनी तो एकदम गुस्सा हो गये । " ज्यादा मंढ-मंढ मत कर । चेली(लड़की) जात है , तेरा भला-बुरा हम सोचेंगे ।"

"पर बाबू उसके और मेरे उमर में भी कितना अंतर है और उसके दो बच्चे भी तो है " रेनू ने हिम्मत कर कहा।

"कोई फ़र्क नी पड़ता उमर के अंतर से , औरत को आदमी से छोटा ही होना चाहिए , हमारे शास्त्र ऐसा ही बता गए हैं बल , तेरी माँ भी तो बारह साल छोटी हुई मुझसे , आज मेर से ज्यादा बुढ़िया लगती है । और बच्चों का क्या है , प्यार से रखेगी तो वो भी तेरे ही हुए । सौतेली माँ भी तो पालती है बच्चों को ", बाबू ने कहा । रेनू ने ईजा की तरफ़ देखा । वह सच में बाबू जितना ही बूढ़ी दिखती थी । उसके चेहरे में चिंता, संघर्ष और गरीबी ने असमय ही झुर्रियाँ ला दी थी । बाबू ने रेनू को बताया कि अगले माघ महीने में ही शादी पक्की कर दी है , पर अभी यहाँ -वहाँ बताने की जरुरत नहीं । क्या पता , कोई दूसरा भनचक न मार दे । लगन और विघन में ज्यादा दूरी नहीं होती ।

बाबू के जाने के बाद रेनू माँ को मनाने लगी । उसने अपने आगे पढ़ने की इच्छा बताई । "यहाँ तो खुद के खाने के ही लाले पड़ रखे हैं । कैसे पढ़ाई करेगी । पढ़ना है , तो शादी के बाद पढ़ ले । वो मना थोड़ी कर रहा ।गाँव की कितनी लड़कियों ने शादी के बाद पढ़ लिया । तेरी मौसी भी तो पढ़ी शादी के बाद । आज द्वाराहाट में पढ़ा रही ठहरी । फ़िर तेरे बाबू ने कौन- सा यहाँ तेरे लिए खजाने भर रखे हैं , जो तेरे लिए ढूँढें कुँवारा , सरकारी नौकरी वाला लड़का "-ईजा ने सख़्त स्वर में जवाब दिया ।

अगले दिन रेनू नौले पर पानी लेने पहुँची । आज नौले में ज्यादा भीड़ थी । गाँव की औरतें वहाँ पानी भरने आई थीं और वहीं खड़े होकर गपशप कर रही थी । आजकल खेती में ज्यादा काम नहीं है , इसीलिए बातचीत करने का वक्त मिल जा रहा । वरना तो सबने अपने -अपने घर दौड़

लगानी हुई पानी लेकर, फ़िर खेत की तरफ़ भागना हुआ ।

संजू वहाँ पहले से खड़ा था । संजू और रेनू गाँव के लोगों के सामने ज्यादा बात नहीं करते थे । गाँव के लोग लड़कों से बात करने पर लड़कियों को जल्दी से बदनाम कर देते हैं । संजू ने ईशारा कर रेनू से पूछा कि क्या घर में सब चले गए हैं ? रेनू ने भी सिर हिला कर हाँ कह दिया ।

रेनू पानी भर कर घर पहुँची । तब तक संजू भी वहीं आ गया । वह बहुत खुश दिख रहा था । पिछले दो सप्ताह से वह गाँव से बाहर था । उसे एक अच्छा कस्टमर मिल गया था जिसने उत्तराखंड दर्शन के लिए संजू की गाड़ी पूरे दो हफ़्ते के लिए बुक कर ली थी । संजू अच्छा पैसा कमा कर लौटा था । संजू ने लाल रंग का रेडीमेड सूट रेनू के सामने रखा और कहा -"जा, जल्दी से पहनकर आ ।" रानी लगेगी मेरी रेनू इस ड्रेस में ।" रेनू इस क्षण बहुत भावुक हो उठी ।उसकी आँखों में आँसू भर आये । उसने संजू को अपनी शादी की सब बात बता दी । संजू चिंतित हो गया । उसने रेनू से कहा कि वह जल्दी ही इस समस्या का कोई हल निकालेगा ।

दो दिन बाद संजू अपने साथ एक लड़के को लेकर रेनू के घर पहुँचा । संजू ने उस लड़के का परिचय अपने दोस्त मोहन के रूप में कराया । मोहन हल्द्वानी में रहता था ।वह आइसक्रीम का ठेला चलाता था । संजू ने कहा कि मोहन उन्हें यहाँ से भागने में मदद करेगा । रेनू घर छोड़कर भागना नहीं चाहती थी । वह चाहती थी कि संजू उसके पिता के सामने रिश्ता ले कर आये, लेकिन संजू ने कहा कि इस बारे में न तो संजू के माता-पिता और न रेनू के ईजा-बाबू कोई तैयार नहीं होगा और अगर रेनू के पिता को उनके बारे खबर भी हो गई तो उसी दिन रेनू का ब्याह उस दो बच्चों वाले बुढ्ढे से करवा देंगे ।

रेनू की शादी के मात्र पंद्रह दिन बाकी रह गए थे । बाबू ने पचास हजार रुपयों का भी किसी तरह इंतज़ाम कर लिया था । वैसे तो होने वाले दुल्हे ने ही सब खर्च उठाने की बात की थी, पर कन्यादान कर रहे हैं, उनका भी तो कुछ फ़र्ज़ हुआ । ईजा ने अपने मायके से मिला एक मात्र हार तुड़ाकर दुल्हे के लिए एक सोने की अंगूँठी और रेनू के लिए कान के झुमके बनवा दिए । चितई ग्वेल ज्यू मंदिर में ही शादी होना तय हुआ था । अपने भविष्य को बचाने का, अपने मनपसंद आदमी से शादी करने

का रेनू को कोई दूसरा रास्ता नहीं दिख रहा था । शाम को संजू आया । वह नाराज़ था । उसने रेनू से कहा कि वह जल्दी से अपना निर्णय बता दे, वरना उसे भूल जाए । आखिर थोड़ा सोच -समझ कर रेनू उसके साथ जाने को तैयार हो गई ।

दूसरे दिन जैसे ही सब घर से चले गए, संजू और मोहन वहाँ आ गए । रेनू ने रात में ही अपना बैग तैयार कर लिया था । पहले मोहन उसका बैग सिर पर उठाकर ऊपर पक्की सड़क तक ले गया । रेनू ने संजू का दिया लाल सलवार कुर्ता पहन लिया । झुमके और सोने की अँगूठी अपने पर्स में रख लिए ।आखिर ईजा ने ये उसके लिए और उसके दुल्हे के लिए ही तो बनाए थे । अब इसका असली हकदार संजू ही इसे पहनेगा । अंत में उसने काँपते हाथों से वे पचास हज़ार रुपए उठाए जो उसके पिता ने उसकी शादी में खाना खिलाने के लिए इकट्ठा कर रखे थे । उसने मन ही मन अपने ईज़ा -बाबू से माफ़ी माँगी और अपने से वादा किया कि कुछ बन कर वह इस द्वार , इस चौखट पर जरूर वापस आएगी । बाहर संजू उसे जल्दी करने के लिए बार-बार कह रहा था । कोई आ गया तो बात बिगड़ सकती थी ।

रेनू अपना हैंडबैग लेकर घर से बाहर को निकली । फ़िर एक क्षण को ठिठक गई ।वह अपने घर के मंदिर में वापस गई ।उसने अपना सिर वहाँ देबताओं के सामने झुका दिया । सब ठीक होने की प्रार्थना की । फ़िर तेज़ी से घर का द्वार भिड़ा कर निकल पड़ी । ये परिवार, भाई-बहन, ये घर, ये आँगन, ये गाँव , ये गलियारे , ये पहाड़ छोड़ने में उसे उतना ही दुःख हो रहा था , जितना किसी दूसरी लड़की को शादी के अवसर पर अपनी विदाई में होता, किंतु इस क्षण अपने सपने पूरे करने के लिए उसे हिम्मत तो करनी ही होगी। यही सोचकर वह तेज़ कदमों से पगडंडियाँ पार करती ऊपर पक्की सड़क की ओर चल पड़ी ।योजना के अनुसार उसके थोड़े देर बाद संजू गाँव से निकलेगा ताकि उनको साथ-साथ जाते हुए कोई देख न सके ।

संजू ने अपनी टैक्सी गाँव के मोड़ से थोड़ा दूर पार्क कर रखी थी । वहाँ तक सबको चलकर पहुँचना था । एक -एक कर तीनों टैक्सी के पास पहुँच गए । संजू के बैठते ही टैक्सी हवा से बातें करने लगी । संजू बड़ी

कुशलता से टैक्सी ड्राइव कर रहा था और उसके बाजू की सीट पर बैठी रेनू के आँखों मे भले ही घर छूटने के दुःख में आँसू भरे थे, किंतु मन एक नए जीवन जीने के उत्साह से उछालें मार रहा था ।

शाम को रेनू के घर पर न मिलने पर उसकी माँ ने सोचा कि शायद किसी सहेली के पास या गाँव में किसी के घर किसी काम से गई होगी । लेकिन जब अँधेरा ढलने पर भी रेनू न लौटी तो आस-पड़ोस में उसकी खोज हुई । लेकिन रेनू कहीं न मिली । आखिर थक-हार कर माता-पिता और पड़ोसियों ने उसके गुमशुदा होने की खबर पुलिस में दर्ज़ करा दी ।

एक दो दिन बीतने पर किसी ने ध्यान दिया कि तिवाड़ी जी का किराएदार संजू भी वहाँ नहीं है । शक की सूई संजू पर घूम गई । संजू की खोज शुरू हुई । एक -डेढ़ सप्ताह बाद पुलिस संजू का पता लगाते हुए मेरठ के पास उसके गाँव तक पहुँच गई । संजू वहाँ आराम से रह रहा था । पूछताछ के दौरान संजू ने रेनू के बारे में अनभिज्ञता जताई । उसने कहाँ कि सर्दियों के समय ज्यादा सवारी नहीं मिलती और ठंड भी ज्यादा थी इसलिए वह कुछ दिनों के लिए अपने गाँव आराम करने आ गया । संजू की बातों पर शक का कोई कारण न था । वैसे भी वह हमेशा पहाड़ में नहीं रहता था। अल्मोड़ा से सवारी लेकर वह अकसर दिल्ली आता-जाता रहता था और कई बार कुछ दिनों के लिए रास्ते में पड़ने वाले अपने गाँव ही रुक जाता था । पुलिस वापस लौट आई और दूसरे बिन्दुओं से रेनू के बारे में पता करने की बात कही ।

पहाड़ पर सर्दियाँ बीत गईं । रौनक वापस आ गई । संजू वापस आ गया । वह फ़िर से सैलानियों को उत्तराखंड दर्शन कराने लगा । आइसक्रीम वाला मोहन भी हल्द्वानी में पहले की तरह ही आइसक्रीम बेचने लगा । पुलिस ने रेनू के केस को ठंडे बस्ते में डाल दिया । रेनू का परिवार भी अब अपनी समस्याओं से जूझता हुआ वापस अपनी दैनिक दिनचर्या में लग गया है , लेकिन भूरी आँखों वाली , सुनहरे और काले मिले-जुले बालों वाली, पहाड़ी सुँदरता लिए , गुलाबी गालों वाली गोरी-चिट्टी, कोयल सी मिट्ठी आवाज़ वाली लड़की रेनू फ़िर कभी वहाँ दिखाई नहीं दी ।

****

5

दुर्घटना

शीला ने फ़िर से स्कूल में छुट्टी का आवेदन किया । प्रधानाचार्या ने प्रश्नवाचक मुद्रा में शीला की ओर देखा । "जी मैम ,वो कल कोर्ट में मेरी तारीख लगी है , कल शायद फ़ैसला आ जाएगा ।" शीला के स्वर में उम्मीद की झलक थी । "ऐसा ही हो ," -प्रधानाचार्या ने सहमति देते हुए कहा । शीला के प्रति प्रधानाचार्या उदार थीं । इतनी सी उम्र में शीला ने क्या नहीं झेला था ?

तीन वर्ष पूर्व लगभग तीस-बत्तीस वर्ष की एक लड़की सादी सी साड़ी पहने हाथ में सूटकेस सम्हालती हुई कंधे में एक बैग टाँगे हुए लँगड़ाते हुए चलती हुई इस कन्या प्रायमरी विद्यालय के प्राँगड़ में आ खड़ी हुई थी । वह प्रधानाचार्या से मिलना चाहती थी । छोटा सा सरकारी स्कूल है । अध्यापिकाओं को गाँव के इस स्कूल तक पहुँचने के लिए खासा चलना पड़ता है । इसलिए कोई भी अध्यापिका यहाँ आकर पढ़ाना नहीं चाहती । अगर नियुक्ति हो गई तो जल्दी ही तबादला करवा लेती हैं । कुछ अध्यापिकाएँ आने से पूर्व ही अपना तबादला कुछ न कुछ बहाना कर निरस्त करवा देती । अगर कोई अध्यापिका आ भी जाती , तो मेडिकल छुट्टी ले लेती । एक-दो अध्यापिकाएँ हैं भी तो , वे शहर से रोज़ आना-जाना करती हैं कभी आती हैं तो कभी नहीं । कुछ बोलने पर कुछ न कुछ बहाने बना देती । इसी कारण प्रधानाचार्या लगभग अकेली विद्यालय सम्हालने में लगीं थीं । वैसे तो प्रधानाचार्या खुद भी इस दूर-दराज़ क्षेत्र

में नहीं रहना चाहतीं थीं , किंतु गाँव की लड़्कियों के भविष्य को देखते हुए उन्हें शिक्षित करना वे अपनी नैतिक जिम्मेदारी समझती थीं ।ऐसे में यह लड़की पूरे सामान के साथ यहाँ खड़ी हुई थी ।

" नमस्कार मैम ! मैं शीला ! शीला गुप्ता!" मेरी नियुक्ति की सूचना आई होगी आपको। शीला ने अपना परिचय दिया था ।

"हाँ! बिल्कुल, आइए बैठिए ! प्रधानाचार्या ने कुरसी की तरफ़ इशारा किया था । यहाँ कहाँ रहेंगी आप ? कुछ पहले से इंतजाम किया है?

"जी नहीं , आज एक दिन स्कूल में ही रुक जाउँगी । कल से गाँव में कुछ पता करूँगी । " शीला ने जवाब दिया था ।

" कोई बात नहीं , जब तक कोई इंतजाम न हो , तब तक आप मेरे साथ रह सकती हैं । यहीं पास में एक छोटा सा घर लिया है, उसमें मैं अकेली रहती हूँ । मेरा परिवार तो कानपुर रहता है। " प्रधानाचार्या ने सहृदयता से कहा । बस यही दिन था कि दोनों के बीच एक डोर सी बँध गई थी , जिसमें एक दूसरे के प्रति प्रेम भी था साथ ही आदर-सम्मान तथा सहयोग की भावना भी ।

शीला नियमित विद्यालय आती थी ।बहुत ही कम छुट्टियाँ लेती । वह मेहनत से पढ़ाती । इसी वजह से आस-पास के गाँवों की लड़कियाँ भी अब उनके स्कूल में आने लगी थी ।

शीला के पिता एक साधारण व्यवसायी थे ।उनकी किराने की दुकान थी।उसी के बलबूते पर उन्होंने अपने परिवार का पालन पोषण किया था । शीला के घर में उसके माता-पिता , दादा-दादी और दो भाई थे । घर में सबसे छोटी और एकमात्र लड़की होने के कारण शीला सबके लाड़-दुलार मे पली बढ़ी थी । स्वभाव से भी शीला अपने नाम के अनुरूप शांत और नम्र थी ।

पढ़ाई पूरी करने बाद शीला के विवाह के लिए योग्य वर की तलाश शुरु हुई । शीला साँवले रंग की साधारण रँग-रूप की लड़की थी । लेकिन ये हमारे समाज की विचित्र सोच है कि लड़के चाहे खुद कैसे भी हों , दुल्हन उन्हें गोरी-चिट्टी और चाँद-सी सुँदर ही चाहिए । शीला गृहकार्य दक्ष थी और पढ़ने में कुशाग्रबुद्धि थी , लेकिन यह सब बातें उसके रँग के कारण दब जाती । माता-पिता ने अपनी बिरादरी में बहुत खोज की ,

पर कहीं ठीक से बात जमीं नहीं । कुछ लोग तो इतने मुँहफट थे कि वे शीला के सामने ही उसके दबे हुए रँग पर फ़ब्तियाँ कस देते ।कुछ लोग तैयार भी हुए तो उनके दहेज की माँग इतनी ज्यादा थी कि शीला के पिता की हैसियत से बाहर था । अब तक शीला भी पच्चीस वर्ष की हो गई थी ।शीला की अधिकाँश सहेलियों के भी विवाह हो गए । इसी कारण शीला के पिता तनाव में आ गए । वे किसी भी तरह जल्दी से जल्दी शीला की शादी कर देना चाहते थे ।

इसी दौरान शीला के लिए एक रिश्ता आया ।लड़के का नाम अमन गोयल था । दोनों पक्षों में बातचीत हुई , हाँलांकि अमन की माँ ने एक दो बार शीला के साँवले रँग होने की बात भी की थी , लेकिन कुल मिलाकर बात पंद्रह लाख रुपए कैश और घर की आवश्यकता का सामान , फ्रिज़, टी.वी., मोटर सायकिल आदि देने की बात पर शादी पक्की हो गई। शीला के पिता की किराने की दुकान से कोई ज्यादा आमदनी तो होती नहीं थी ,उस पर पूरे घर के खर्च का भार भी उसी आमदनी पर आधारित था इसलिए ये रकम उनके लिए काफ़ी बड़ी थी । शीला का एक बड़ा भाई अब एक प्रायवेट कंपनी में काम करता था । उसने पिता को आश्वस्त किया कि वह सामान और मोटर सायकिल का इंतजाम कर देगा । शीला के पिता ने दस लाख रुपए पहले से ही जमा कर लिए थे । अब पाँच लाख का इंतज़ाम बाकि था। लेकिन शादी का खर्च और साथ में इतनी रकम का इंतज़ाम शीला के पिता न कर पाए । विवाह के दिन ही सिर्फ़ दस लाख कैश सुनते ही शीला के ससुर भड़क उठे और उन्होंने शीला के पिता और भाइयों को खूब खरी खोटी सुनाई । खैर, किसी तरह समझाने पर वे शीला को विदा कर ले गए । तय हुआ कि एक साल के अंदर बाकि के पाँच लाख रुपए चुकाए जाएँगे ।

अमन गोयल और शीला गुप्ता की गृहस्थी की शुरुवात ही ऐसे कड़वे अनुभव के साथ शुरू हुई थी । अमन की खुद भी एक कपड़े की दुकान थी , जो कि ज्यादा अच्छी हालत में न थी । घरेलू हालात भी लगभग समान ही थे , किंतु भारतीय परिवारों में लड़के वाला होने का अहं इतनी आसानी से कहाँ हटता है । बार-बार शीला को बचे हुए पाँच लाख के ताने कभी सास तो कभी ससुर की ओर से सुनाए जाते । इतना ही नहीं , जब

भी आसपास में कोई शादी होती तो नए बहु के लाए हुए गहने-जेवर , सामान और कैश का बड़ा-चढ़ा कर वर्णन शीला के सामने किया जाता ।सास ये बताना न भूलती कि दुल्हे को कितना सोना चढ़ाया गया है। साबित किया जाता कि ये तो उनके अमन के ही भाग फ़ूटे थे कि उसके पल्ले गरीब घर की लड़की पड़ी। शीला ने यह सब बातें कभी अपने मायके नहीं बताई । वह नहीं चाहती थी कि उसके कारण उसके परिवार को दुःख महसूस हो । शीला अपने सेवाभाव और कार्यदक्षता से अपने ससुरालियों को खुश करना चाहती थी , पर इस सब की उन्हें कोई कदर नहीं थी ।

इन्हीं सब परिस्थितियों के चलते दो साल गुजर गए । इसी बीच शीला को एक बेटा भी हो गया, जिसका नाम हिमांशु रखा गया । अब तक शीला को घर की अच्छी जानकारी हो गई थी । उसे पता चला कि अमन न सिर्फ़ शराब पीने का आदी है वरन उसके किसी अन्य स्त्री से भी संबंध थे । शीला ने अपने-आप को ठगा सा महसूस किया । उसका दिमाग हर समय गहरी चिंता में डूबा रहता । वह किंकर्तव्यविमूढ़ हो गई । इतनी मुश्किल से उसके पिता और भाइयों ने उसकी शादी की थी । उनका परिवार अभी भी उस कर्ज़ के बोझ तले दबा हुआ था । ऐसे में शादी तोड़ना और अपनी पारिवारिक स्थिति से अवगत करा वह अपने पिता को और परेशान नहीं करना चाहती थी । एक दिन ऐसे ही सोच में डूबे हुए सड़क पार कर रही थी तो एक तेज़ चलती बाइक से उसकी टक्कर हो गई । शीला के पैर में गहरी चोट आई । किसी तरह पैर तो बच गया , किंतु इस दुर्घटना के बाद से उसकी चाल पहले जैसी न रही । शीला अब लँगड़ा कर चलती थी । इस घटना ने शीला की मानसिक स्थिति पर तो प्रभाव डाला ही लेकिन साथ ही उसके संघर्ष को भी बड़ा दिया।

अमन और शीला के रिश्ते पहले से ही ज्यादा अच्छे न थे। अब वे बद से बदतर हो गए । अमन अब उसे कई बार लँगड़ी कह कर भी बुलाने लगा । उसका व्यवहार शीला के प्रति पूरी तरह बदल गया । आए दिन शीला के साथ मारपीट होती, जिसमें एक प्रकार का मौन समर्थन शीला के सास -ससुर का भी रहता । अमन बात-बात में सुनाता कि तेज़ चलने वाली मोटर-सायकिल के साथ बैलगाड़ी का पहिया नहीं चल सकता । शीला ने अपने स्तर पर परिवार को बनाए रखने की और अमन को समझाने की

कोशिश की, किंतु सब व्यर्थ रहा ।

शीला एक साल तक यह तनाव झेलती रही । उसे समझ नहीं आ रहा था कि क्या करे ? उसका बेटा हिमाँशु बड़ा हो रहा था और आए दिन की मार-पीट और पारिवारिक कलह का असर उस पर पड़ रहा था । एक दिन अमन ने शीला को केरोसिन डाल कर जिंदा जलाने की कोशिश की तो बड़ी मुश्किल से शीला अपने को बचा पाने में सफ़ल हुई। बस यहीं उसकी सहनशीलता जवाब दे गई और वह हिमाँशु को ले कर वापस मायके आ गई ।

शीला पर क्या कुछ गुजरी थी यह जानकर उसके भाई और माता-पिता सकते में आ गए । तुरंत तलाक के लिए अर्ज़ी डाली गई । इसी बीच एक दिन अमन शीला के मायके आ धमका। वह हिमाँशु को वापस ले जाने आया था । शीला ने हिमाँशु को देने से साफ़ मना कर दिया। इस पर अमन ने अपने कमर से पिस्टल निकाल ली और सबको धमकाते हुए हिमाँशु को उठा ले गया । अमन के खिलाफ़ पुलिस स्टेशन पर मामला दर्ज़ कराया गया , जिसके बाद पुलिस ने उसे अवैध पिस्टल के साथ गिरफ़्तार कर लिया। लेकिन हिमांशु अभी तक दादा-दादी के साथ ही था क्योंकि कोर्ट ने उसकी कस्टडी का निर्धारण नहीं किया था।

शीला पढ़ी-लिखी थी। उसने बेसिक ट्रेनिंग कोर्स (बी.टी.सी.) कर लिया जिसके बाद विकलाँगता के कारण वरीयता मिलने से सरकारी स्कूल में नौकरी मिल गई। सरकारी नौकरी की खबर मिलते ही शीला के सास -ससुर उसे वापस लिवाने आ गए। उनका तर्क था कि परिवार में पति-पत्नी के बीच ऐसे झगड़े तो होते ही रहते हैं। लेकिन शीला ने वापस जाने से साफ़ मना कर दिया ।

पिछले तीन साल से शीला लगातार हिमाँशु की कस्टडी के लिए केस लड़ रही थी । आज फ़ैसला होने की उम्मीद थी । शीला को अपने ईश्वर और देश की अदालत पर भरोसा था । ईश्वर से प्रार्थना करती हुई वह कोर्ट पहुँची । अमन के गैर-जिम्मेदाराना व्यवहार को देखते हुए अदालत ने फ़ैसला शीला के पक्ष में दिया । अमन को मार-पीट और अवैध हथियार लेकर डराने-धमकाने के कारण तीन वर्ष की जेल हुई । सास-ससुर के खिलाफ़ कोई सबूत न होने की स्थिति में उन्हें छोड़ दिया

गया। पुलिस की मौजूदगी में अमन की माँ हिमाँशु को शीला को सौंपने के लिए आई । सामान्य शिष्टाचार दिखाते हुए शीला ने अमन की माँ के पैर छू लिए। शीला को लँगड़ाते हुए चलते देख अचानक अमन की माँ पास बैठी महिला पुलिस से अफ़सोस जताते हुए बोली "अगर शीला के साथ यह दुर्घटना न होती , तो मेरा बेटा इसे कभी नहीं छोड़ता और आज हमारा परिवार इस तरह न टूटता।"

हिमाँशु को लेकर वापस जाती हुई शीला यह सुनकर रूक गई । मुड़कर उसने अमन की माँ को सख्त नज़रों से देखा फ़िर बोली -" माँ जी, दुर्घटना मेरे साथ उस दिन नहीं हुई थी, जिस दिन मैं मोटर सायकिल से टकराई थी । दुर्घटना तो उस दिन हुई थी जिस दिन अमन से मेरी शादी हुई थी और हाँ तलाक मैंने दिया है अमन को। मैंने छोड़ा है अमन को । आप तो कभी गलत और सही का फ़र्क ही न समझ पाईं माँ जी । कम से कम अब तो कुछ शर्म कीजिए ।"

शीला मज़बूती से हिमाँशु का हाथ पकड़ कमरे से बाहर निकल गई । आज उसके हाथ में सुनहरे भविष्य की डोर जो आ गई थी। आज वह समूचे तनाव से मुक्त थी।

****

www.ingramcontent.com/pod-product-compliance
Lightning Source LLC
LaVergne TN
LVHW041556070526
838199LV00046B/1997